KINDER
fragen nach dem
LEBEN

Arbeitsheft für das
2. Schuljahr
Religion

D1722318

Male in die Rahmen ein Bild oder klebe Fotos ein.

Das bin ich

Mein Name: _____ _____

Ich bin geboren am _____ , in _____ .

Was ich am liebsten mache ...

Bevor ich in die Schule kam:

Ich als Schulkind:

Nachdenken über die Welt

Beim Nachdenken über Gott und die Welt
habe ich Fragen wie diese …

Michèle Lemieux

*Male Farben
für die Gefühle
in die Kreise.*

*Welche
Gefühle fallen
dir noch ein?*

Gefühle kann man sehen

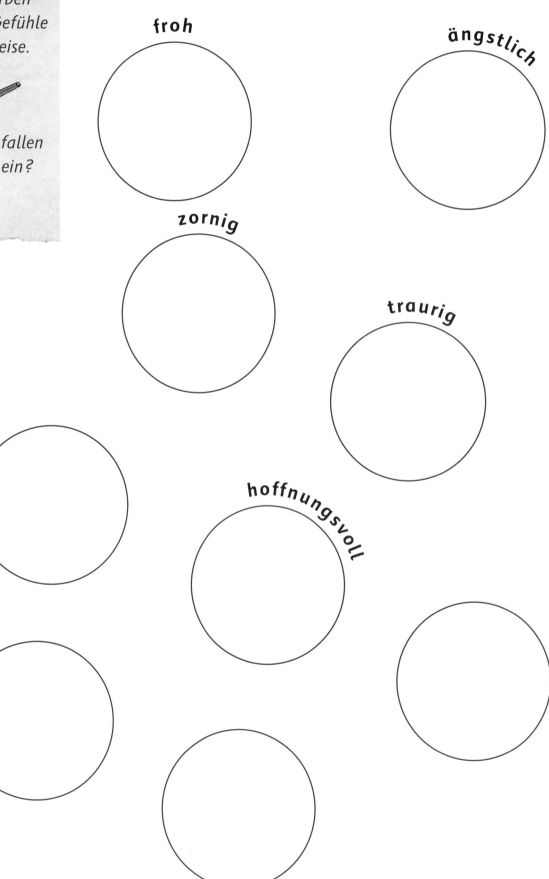

froh

ängstlich

zornig

traurig

hoffnungsvoll

Aliki – Gefühle-Spiel

Ordne die Bildkarten vor dem Spiel den Wortkarten auf Seite 7 zu.
Nun weißt du, was zusammengehört. Spielt zusammen das Spiel.

Schneide die Bildkarten auf Seite 5 und die Wortkarten auf Seite 7 aus.

Aliki–Gefühle-Spiel

stolz	**schüchtern**	**einsam**
gierig	**friedlich**	**beleidigt**
froh	**glücklich**	**ängstlich**
ungeduldig	**wütend**	
traurig		

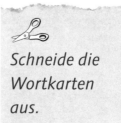

Schneide die Wortkarten aus.

Angst haben

Was tun diese Kinder, wenn sie Angst haben?
Was tust du, wenn du Angst hast?

*Kreuze an.
Du kannst auch
etwas schreiben
oder malen.*

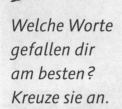

Welche Worte gefallen dir am besten? Kreuze sie an.

Wenn es mir schlecht geht

Wenn es mir schlecht geht,
helfen mir manchmal Worte.

In der Bibel findest du solche Worte.
Sie stehen im Buch der Psalmen.
Das ist das Gebet- und Liederbuch
der Bibel.

☐ *Mein Gott, du hältst doch zu mir.*
(Psalm 4,2)

☐ *Bei Gott finde ich Schutz.*
(Psalm 7,11)

☐ *Der Herr hat mein Weinen gehört.*
(Psalm 6,9)

☐ *Mich quält keine Sorge, wenn ich mich niederlege. Ganz ruhig schlafe ich ein.*
(Psalm 4,9)

☐ *Auf, mein Herz, preise den Herrn, und vergiss nie, was er für mich getan hat.*
(Psalm 103,2)

☐ *Ja, Gott, der Herr, ist die Sonne, die uns Licht und Leben gibt.*
(Psalm 84,12)

☐ *Von allen Seiten umgibst du mich, ich bin ganz in deiner Hand.*
(Psalm 139,5)

☐ *Du hast meine Not gesehen ...*
(Psalm 31,8)

☐ *Am Abend mögen Tränen fließen – am Morgen jubeln wir vor Freude.*
(Psalm 30,6b)

☐ *Und muss ich auch durchs finstere Tal, ich fürchte kein Unheil.*
(Psalm 23,4)

Wut und was dagegen hilft

Wenn ich wütend bin, dann
mache ich und sage ich …

_____

_____

_____

Das macht mich
manchmal wütend …

Gegen meine
Wut hilft mir …

_____   _____

_____   _____

_____   _____

_____   _____

Was Worte bewegen

Manchmal entsteht Streit durch Worte.

Hau doch ab!

Du bist gemein!

Heulsuse!

Alte Petze!

Stimmt gar nicht.

Lass mich in Ruhe!

Worte können aber auch versöhnen.

Tut mir leid!

Es war nicht so gemeint.

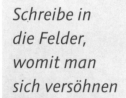

Schreibe in die Felder, womit man sich versöhnen kann.

Der gehört zu mir

Schreibe auf,
wer für dich
die wichtigsten
Menschen sind.

Wer sollte
immer bei
dir sein?

Bei mir sollte immer sein:

_____

_____

_____

Das wünsch ich sehr

Text: Kurt Rose
Musik: Detlev Jöcker

Das wünsch ich sehr, dass im-mer ei-ner bei mir wär,

der lacht und spricht: Fürch-te dich nicht.

Gute Freunde

Was tun gute Freunde?

☐ Sie ärgern mich, wenn
es mir schlecht geht.

☐ Sie teilen mit mir.

☐ Sie halten zu mir,
wenn es Streit gibt.

☐ Sie spielen nur mit mir.

☐ Sie erzählen Geheimnisse weiter.

☐ Sie trösten mich, wenn es mir schlecht geht.

☐ Sie geben mir alles, was sie haben.

☐ Sie hören zu, wenn ich etwas auf dem Herzen habe.

☐ Sie helfen mir beim Lügen.

☐ Sie bringen mich zum Lachen.

☐ Sie wählen mich beim Sport in ihre Mannschaft.

Was ist das Schönste, das ein Freund oder eine Freundlin für dich getan hat?

Wie ein Licht bist du

Text: Michael Landgraf
Melodie: Reinhard Horn

Strophe
1. Wie ein Licht bist_ du,_ wie die Son-ne bist du,_ macht uns
   Burg bist_ du,_ wie ein Schirm bist_ du,_ gibt uns

hell,_ im-mer-zu. Lie-ber Gott, so bist du. Wie ei-ne
Schutz, im-mer-zu. Lie-ber Gott, so bist

1.–4. du. Du kannst so vie-les sein,_ das wir spü-ren o-der sehn,_

— lässt uns nie al - lein,_ wirst im-mer mit uns gehn.___

3. Wie ein Hirte bist du,
   wie ein König bist du,
   passt auf uns auf, immerzu.
   Lieber Gott, so bist du.

4. Wie der Wind bist du,
   wie die Luft bist du,
   bist um uns, immerzu.
   Lieber Gott, so bist du.

5. Wie das Wasser bist du,
   wie das Brot bist du,
   uns versorgst du, immerzu.
   Lieber Gott, so bist du.

6. Wie ein Felsen bist du,
   wie ein Baum bist du,
   gibst uns Halt, immerzu.
   Lieber Gott, so bist du.

7. Wie ein Vater bist du,
   wie eine Mutter bist du,
   stehst uns bei, immerzu.
   Lieber Gott, so bist du.

Im Lied findest du viele Bilder zu Gott.

Überlege, welche Bilder deine Lieblingsbilder sind. Umrahme sie mit deiner Lieblingsfarbe.

Gott kann sein

Umrahme, was Gott für dich alles sein kann.

Gott ist wie ein Hirte

Über Gott wird in der Bibel gesagt: Er ist wie ein guter Hirte.

Jesus erzählt eine Geschichte:

Verbinde die Texte mit den richtigen Bildern.

Ein Hirte (:)) hat
100 Schafe (🐑).
Am Abend zählt er sie.
Doch ein Schaf fehlt.

Da geht er los.
Der Hirte sucht überall.

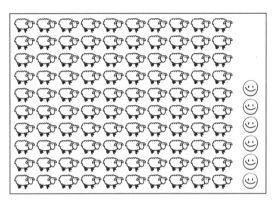

Endlich findet er sein Schaf.
Er legt es auf seine Schulter
und trägt es nach Hause.

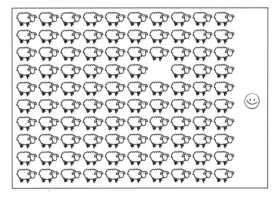

Der Hirte ruft alle Freunde
und Nachbarn.
Er sagt: „Freut euch mit mir.
Mein Schaf war verloren.
Jetzt ist es wieder da."
Jesus sagt:
„Gott freut sich über
jeden Menschen,
der bei ihm ist."

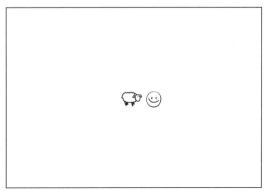

Ich staune über die Welt

Was bringt
dich in der Welt
zum Staunen?
Du kannst
das Lied
weiterschreiben,
wenn du „den
kleinen Wurm"
durch etwas
anderes ersetzt.

Text: Michael Landgraf
Melodie: Reinhard Horn

1. Ich stau - ne und stau - ne ü - ber die Welt, den
klei - nen Wurm___ un - term Him - mels - zelt.
Wer hat das ge - macht? Sich das aus - ge - dacht?
Schön ist die Welt un - term Him - mels - zelt. *(instrumental)*

Ich staune und staune über diese Welt, ...

2. ...

3. ...

4. ...

5. ...

6. ...

6. ... _____

7. ... _____

8. ... _____

Abraham und Sara

Schneide die Karten aus und spiele mit einem anderen Kind das Domino-Spiel.

Geschichte von Abraham und Sara

Abraham hört die Stimme Gottes. „Zieh fort von hier! Ich zeige dir ein neues Land. Es soll dir gehören. Dort wirst du viele Kinder haben."

Abraham und Sara machen sich auf den Weg. Ihr Neffe Lot kommt mit ihnen. Sie nehmen Tiere und Hirten mit.

Abraham kommt im neuen Land an. Er ist traurig. Gott hat ihm viele Kinder versprochen. Doch Sara bekommt kein Kind. Da sagt Gott:

„Schau zum Himmel. Kannst du die Sterne zählen? So viele Nachkommen sollst du haben." Abraham und Sara schauen zum Himmel. Sie vertrauen auf Gott.

Schneide die Karten aus und spiele mit einem anderen Kind das Domino-Spiel.

Abraham und Sara bekommen
Besuch.
Es sind drei Boten von Gott.
Abraham lädt sie zum Essen
ein und Sara kocht im Zelt.
Die Männer sagen:

„In einem Jahr habt ihr einen Sohn."
Sara schaut aus dem Zelt und lacht.
Wie soll sie das glauben?
Sie ist doch schon so alt.

Bald ist Sara schwanger.
Abraham und Sara freuen sich.
Das Kind kommt zur Welt.
Sie nennen es Isaak, das heißt
„Gott lässt mich lachen".
Nun wissen sie:
Für Gott ist alles möglich.

ENDE

Josef bekommt ein Kleid

Josef bekommt von seinem Vater
Jakob ein schönes Kleid.
Dann träumt er ...

Seine Brüder sagen zu dem Geschenk und dem Traum:

Josef wird verkauft

Die Brüder sind zornig.
Sie wollen Josef umbringen.
Doch sie verkaufen ihn an Händler.
Diese bringen Josef nach Ägypten.
Dort wird er ein Sklave sein.
Dem Vater sagen die Brüder:
Ein wildes Tier hat Josef getötet.

Wie geht es wohl …

… dem Vater?   … den Brüdern?   … Josef?

Josef in Ägypten

Was ist alles in Ägypten passiert?

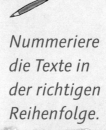

Nummeriere die Texte in der richtigen Reihenfolge.

☐ Josef wird in Ägypten an Potifar verkauft.
Josef ist fleißig. Bald macht ihn
Potifar zum Verwalter.

☐ Der Hofbäcker und der Mundschenk
haben Träume. Josef erklärt,
was sie bedeuten.

☐ Potifars Frau hat Angst.
Sie zeigt Josefs Kleid und sagt:
„Josef wollte bei mir sein."

☐ Potifar fühlt sich betrogen.
Er lässt Josef in das
Gefängnis werfen.

☐ Im Gefängnis trifft
Josef den Hofbäcker
und den Mundschenk
des Pharao.

☐ Potifars Frau mag
Josef und sagt:
„Komm zu mir."
Sie hält ihn fest.
Doch Josef läuft davon.

Der Pharao hat Träume

Der Pharao träumt:

Sieben magere Kühe fressen sieben fette Kühe auf.

Sieben magere Ähren fressen sieben fette Ähren auf.

Dem Pharao sagt Josef, was die Träume bedeuten:

Josefs Brüder in Ägypten

Der Pharao ist dankbar.
Er macht Josef zu seinem Verwalter.
Sieben Jahre sammelt Josef Vorräte.
Dann kommt die Hungersnot.

Auch Josefs Familie hungert.
Josefs Vater Jakob schickt seine Söhne nach Ägypten.
Sie sollen Essen holen.
Nur Benjamin bleibt beim Vater.

In Ägypten müssen sie zu Josef, dem Verwalter.
Sie erkennen Josef nicht.
Josef sagt: „Ihr seid Spione!"
Die Brüder haben Angst.
Josef gibt ihnen Essen mit.
Doch er sagt: „Kommt das nächste Mal
mit allen Brüdern."

Male auf den Tisch, was Josef den Brüdern zum Essen mitgibt.

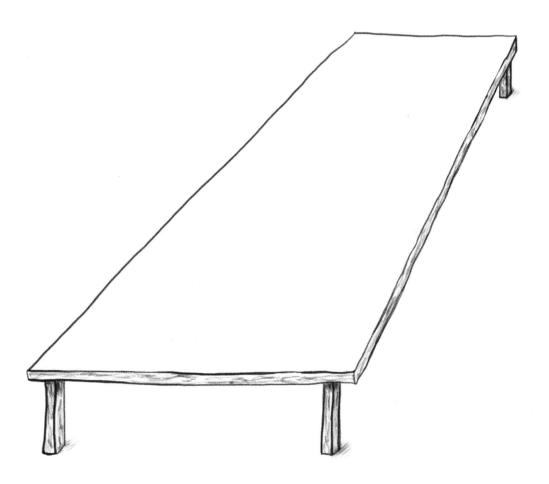

Josefs List

Bald brauchen sie wieder Essen.
Jakob will nicht, dass Benjamin
geht. Doch die Brüder gehen
nicht ohne ihn.

Josef gibt den Brüdern wieder
Essen mit. Doch er versteckt
bei Benjamin seinen Silberbecher.
Soldaten entdecken den Becher.

Benjamin soll nun Diener von
Josef sein. Die Brüder haben
Angst. Ohne ihn wollen sie nicht
nach Hause.

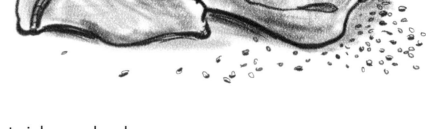

Josef ärgert sich so sehr, dass … _____

_____

Josef sagt, wer er ist … _____

_____

Schreibe die drei Sätze weiter.

Die Brüder erkennen Josef und sagen … _____

_____

Josef rettet seine Familie

Jakob kommt nach Ägypten.
Alle freuen sich und sehen:
Josef hat seine Familie gerettet.
Was am Anfang schlimm schien,
hat Gott gut gemacht.

Josef hat Höhen und Tiefen erlebt.

Klebe die Sätze zu Josefs Leben von Seite 51 an die Stimmungsleiter.

Josef fühlt sich:

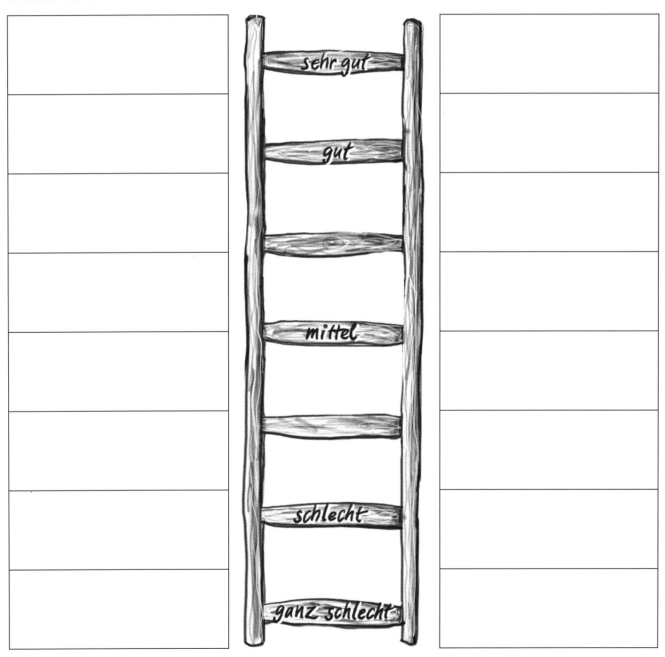

sehr gut

gut

mittel

schlecht

ganz schlecht

Jona

Jona hört Gottes Auftrag
und flieht auf ein Schiff.
Doch dann kommt ein Unwetter.
Zu den Seeleuten sagt er:
„Ich bin schuld.
Werft mich über Bord."
Ein Fisch verschluckt ihn.
Im Bauch des Fisches
denkt Jona über alles nach.

Gestalte einen Fisch um Jona und schreibe auf, was Jona denkt.

Jona

Jona ist in Ninive.
Er ruft den Leuten
Gottes Botschaft zu:

Umrahme in der
Gedankenblase
unten die Worte,
die Jona gedacht
haben könnte.

Gott wird euch strafen,
wenn ihr weiter in Streit
und Hass lebt.

Die Leute hören auf Gott.
So verschont Gott Ninive.
Nun ist Jona zornig.
Er denkt sich:

Und dafür sollte ich so weit reisen.
Das hätte Gott den Leuten doch
selber sagen können.

Nur wegen Ninive mussten die Seeleute
solche Angst bei dem Sturm haben.

Oh ist das ungerecht!
Soll all das Unrecht einfach
vergessen sein?

Ich musste im Bauch des Fisches sitzen,
weil ich nicht nach Ninive wollte.

Gott aber sagt: _____

_____

Rut

Rut lebt mit ihrer   *im Land Moab.*
Schwiegermutter Noomi …

                     in der Türkei.

Noomi ist fremd hier.
Sie kommt aus dem Land Israel, …   *aus Nazareth.*

             aus Bethlehem.

Ein Sohn von Noomi heiratet Rut. Doch die Männer von
Noomi und Rut sterben. Beide Frauen sind allein.
Noomi will in ihre Heimat. Rut sagt zu ihr:

Wo du hingehst, _____

_____

_____

Rut bringt Noomi nach Hause.
In der Heimat von Noomi ist gerade …

                    Erntezeit.

      Neujahr.

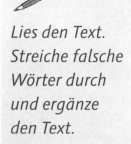

Lies den Text. Streiche falsche Wörter durch und ergänze den Text.

Wenn Korn liegen bleibt, dürfen es Arme einsammeln.
Rut lernt den Bauern Boas kennen. Sie heiraten.
Ihr Urenkel wird ein bedeutender König.
Sein Name ist …   *David.*

          Obed.

Jesus und Zachäus

Was wird in der Geschichte gesagt?

Bauanleitung für die Figuren:

1. Male die Gesichter der Personen.
   Schneide dann die Köpfe aus.

Spielt die Geschichte mit den Fingerfiguren nach.

Mann

Jesus

Mann

Zachäus

2. Klebe auf die Rückseite eine kleine Schlaufe,
   die du über deinen Finger ziehen kannst.

Jesus heilt Bartimäus

Schreibe zu jedem Bild der Bartimäus-Geschichte einen wichtigen Satz.

_____

_____

_____

_____

_____

_____

_____

_____

_____

_____

_____

_____

_____

_____

_____

_____

_____

_____

Bartimäus hat Gefühle

Wie geht es Bartimäus,
- bevor Jesus ihn heilt?

- nachdem er geheilt wurde?

*Male Farben,
die zu den
Gefühlen
Bartimäus
passen, um die
Bilder.*

Unsere Kirche

In einer Kirche ist viel los.

Überlege weitere Antworten und schreibe sie auf. Du kannst dazu auch andere fragen.

Was kann man alles
in einer Kirche machen?

Gemeinsam Ruhe finden

Damit es in der Kirche läuft,
braucht es folgende Menschen:

Pfarrer

Zu Gott gehören – Taufe

In der Bibel sagt Gott zu jedem Menschen:

*Ich habe dich
bei deinem Namen gerufen.
Du bist wie mein Kind.
Ich kenne dich und
du gehörst zu mir.*

nach Jesaja 43,1

In der Kirche werden Menschen
im Gottesdienst getauft.
Dabei wird dem Täufling Wasser über
den Kopf gegossen.
Es wird ein Gebet und ein Segen gesprochen.
Taufe bedeutet:
Man gehört nun zu Gott.
Und man ist Mitglied einer Kirche.

Wenn du getauft bist, schreibe deinen Taufspruch hier hinein.

Advent

Schneide auf Seite 53 aus, was zur Adventszeit gehört. Klebe es in die offenen Türen des Advents-kalenders. Male etwas dazu und den Kalender aus.

Weihnachten nach Lukas

So erzählt Lukas in der Bibel von der Geburt Jesu:

Maria und Josef ziehen
nach Bethlehem.
Maria ist schwanger.
Der Weg ist weit.
In Bethlehem finden sie
keinen Platz in der Herberge.

Sie schlafen bei den Tieren.
Dort kommt das Kind von
Maria und Josef zur Welt.
Die Eltern legen es
in eine Futterkrippe.

Vor Bethlehem waren Hirten.
Zu ihnen kommt ein Engel.
Er sagt: „Fürchtet euch nicht.
Euer Retter ist geboren.
Ihr findet das Kind
in einer Krippe."

Schneide die Bilder zur Geschichte auf Seite 53 aus und klebe sie zu den richtigen Textabschnitten.

Die Hirten machen sich
auf die Suche nach dem Kind.
Sie finden es in Bethlehem
bei den Tieren.
Sie berichten allen, was der
Engel sagte und gehen
froh zurück.

Weihnachten heißt: Freude bereiten

Jesus ist ein Geschenk für die Welt.
Daher machen sich Menschen an Weihnachten Geschenke.

Was würdest du schenken, um Freude zu bereiten?

Schreibe oder gestalte in das Geschenk hinein. Notiere auf den Geschenkanhängern, wem du eine Freude machen möchtest.

Die Ostergeschichte

START

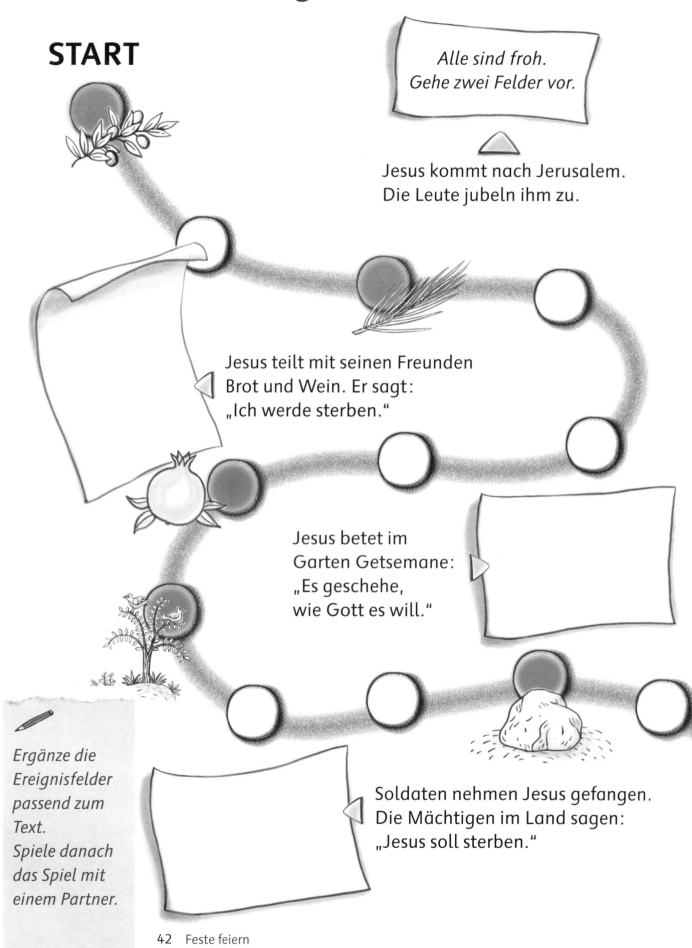

Alle sind froh.
Gehe zwei Felder vor.

Jesus kommt nach Jerusalem.
Die Leute jubeln ihm zu.

Jesus teilt mit seinen Freunden
Brot und Wein. Er sagt:
„Ich werde sterben."

Jesus betet im
Garten Getsemane:
„Es geschehe,
wie Gott es will."

Ergänze die
Ereignisfelder
passend zum
Text.
Spiele danach
das Spiel mit
einem Partner.

Soldaten nehmen Jesus gefangen.
Die Mächtigen im Land sagen:
„Jesus soll sterben."

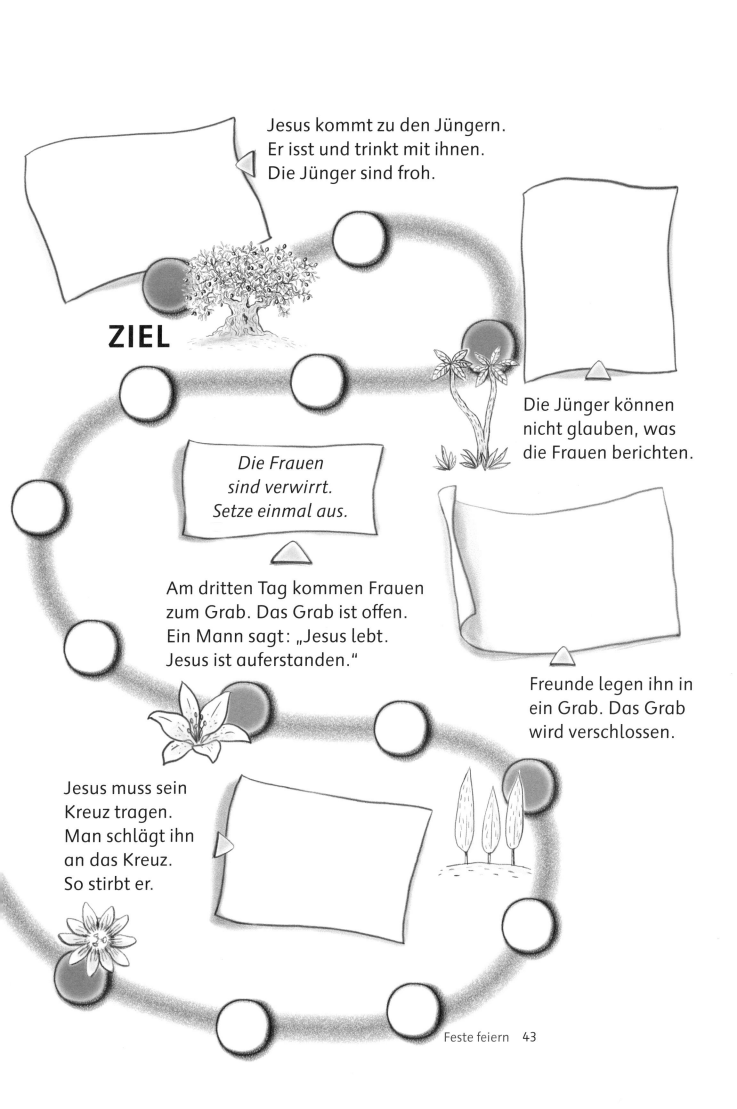

Jesus kommt zu den Jüngern.
Er isst und trinkt mit ihnen.
Die Jünger sind froh.

ZIEL

Die Jünger können
nicht glauben, was
die Frauen berichten.

*Die Frauen
sind verwirrt.
Setze einmal aus.*

Am dritten Tag kommen Frauen
zum Grab. Das Grab ist offen.
Ein Mann sagt: „Jesus lebt.
Jesus ist auferstanden."

Freunde legen ihn in
ein Grab. Das Grab
wird verschlossen.

Jesus muss sein
Kreuz tragen.
Man schlägt ihn
an das Kreuz.
So stirbt er.

Ostern: Aus Trauer wird Freude

Welche Gefühle hast du, wenn du an das Kreuz denkst?

Welche Gefühle hast du, wenn du an das offene Grab denkst?

Schreibe oder male mit Farben deine Gefühle rund um die Bilder.

Wenn ich bete

Text: Michael Landgraf
Melodie: Reinhard Horn

Kreuze an,
wie du betest.

1. Wenn ich be - te, zu Gott be - te, kann ich
2. Wenn ich be - te, zu Gott be - te, kann ich

sit - zen o - der ste - hen, kni - en o - der ge - hen,
mei - ne Hän - de fal - ten, in ih - nen et - was hal - ten,

kann um Wor - te rin - gen o - der Lie - der sin - gen.
sie zum Him - mel he - ben o - der an - dren ge - ben.

1.–4. Wenn ich be - te zu Gott.

Beten kann man auf vielerlei Weise.

Ein Gebet schreiben

3. *Wenn ich bete, zu Gott bete,*
   kann ich ihm alles sagen,
   wo Sorgen plagen,
   wo ich mich freue
   oder etwas bereue.

4. *Wenn ich bete, zu Gott bete,*
   kann ich weinen und lachen,
   Gedanken mir machen,
   kann ich ihm danken
   oder Ruhe tanken.

Text: Michael Landgraf
Melodie: Reinhard Horn

Das Lied zeigt, worüber man in einem Gebet sprechen kann.

_____

_____

_____

_____

_____

_____

_____

_____

_____

_____

*Schreibe
ein Gebet.*

Kinder in aller Welt

Es gibt viele Kinder auf der Welt.

Vieles ist **unterschiedlich**:
ihre Sprache,
wie sie leben,
ihre Religion …
Was noch?

_____

_____

_____

_____

_____

_____

Vieles haben sie **gemeinsam**:
Sie sind manchmal traurig und auch froh.
Sie haben Fragen über Gott und die Welt.
Und sie haben Wünsche …
Schreibe oder gestalte:

Worüber **freuen sich** Kinder auf der Welt?

_____

Welche **Fragen** haben sie?

_____

Welche **Wünsche** haben sie?

_____

Danklied an Gott: Psalm 104

In der Bibel findet man dieses Lied:

Preise den Herrn, mein Herz!

Herr, mein Gott,
wie groß bist du!
Helles Licht umgibt dich
wie ein Mantel.

Herr, wie viel Wunderbares
hast du gemacht!

Alles hast du
weise geordnet,
und du schenkst allen
deine guten Gaben.

Alle deine Geschöpfe
warten darauf,
dass du ihnen Nahrung
gibst zur richtigen Zeit.

Ich will dem Herrn singen
mein Leben lang
und meinen Gott preisen,
solange es mich gibt.

Preise den Herrn, mein Herz!
Halleluja!

Gestalte rund
um den Psalm
einen Rahmen
mit Bildern,
die zu dem
Lied passen.

Psalm 23

Der Psalm ist durcheinandergeraten.

Schneide die Textschnipsel aus und sortiere sie.

☐ Der Herr ist mein Hirte;
mir wird nichts mangeln.
Er weidet mich auf einer grünen Aue

☐ im Angesicht meiner Feinde.
Du salbest mein Haupt mit Öl

☐ folgen mein Leben lang,
und ich werde bleiben im Hause
des Herrn immerdar.

☐ und führet mich zum frischen Wasser.
Er erquicket meine Seele.
Er führet mich auf rechter Straße

☐ fürchte ich kein Unglück;
denn du bist bei mir,

☐ dein Stecken und Stab trösten mich.
Du bereitest vor mir einen Tisch

☐ um seines Namens willen.
Und ob ich schon wanderte im finstern Tal,

☐ und schenkst mir voll ein.
Gutes und Barmherzigkeit werden mir

Ausschneideseite

zu Seite 29 *Josef rettet seine Familie*

Josef bekommt ein Kleid und träumt.	Josef wird von seinen Brüdern verkauft.
Gott hilft Josef, Träume zu verstehen.	Josef wird Verwalter des Pharao.
Josef ist im Gefängnis.	Josef rettet Ägypten.
Josef rettet seine Familie.	Josefs Brüder kommen nach Ägypten.

Ausschneideseite

zu Seite 39 *Adventskalender*

zu Seite 40 *Weihnachten nach Lukas*

Inhaltsverzeichnis

KINDER
fragen nach dem
LEBEN

Arbeitsheft für das
2. Schuljahr
Religion

Autor:	Michael Landgraf
Redaktion:	Kirsten Pauli
Illustration:	Elisabeth Holzhausen, S. 9 oben, 11 (Kinder), 12, 14, 23-26, 29-32, 35-37, 55, Umschlag
	Cornelia Seelmann, S. 9 unten, 10, 11 (Berg), 13, 16, 18, 19, 21, 24 (Smilies), 27, 28, 29 (Leiter), 33, 38, 39, 41-45, 47, 53
Umschlaggestaltung und Layout:	Cornelsen Verlag Design
Technische Umsetzung:	Jutta Stindtmann
Notensatz:	Susanne Höppner, Neukloster

Bildquellen:
S. 3: Michele Lemieux: Gewitternacht. © Beltz & Gelberg in der Verlagsgruppe Beltz, Weinheim/Basel.
S. 5: Aliki: Gefühle sind wir Farben. © Beltz & Gelberg in der Verlagsgruppe Beltz, Weinheim/Basel. U1: Astrofoto, Sörth (rechts); Corel Library (links unten); Tabea Pauli (links oben). U4: Corel Library (Weihnachtsmann, Eier); epd-Bild, Frankfurt a.M. (Schaf); Jason Pauli (unten).

Text- und Liedquellen:
S. 10: Gute Nachricht Bibel © Deutsche Bibelgesellschaft. S. 13: Text: Kurt Rose, Musik: Detlev Jöcker: Das wünsch ich sehr. Menschenkinder Verlag, Münster. S. 15, 18, 45, 46: Text: Michael Landgraf, Musik: Reinhard Horn. © KONTAKTE Musikverlag, 59557 Lippstadt (www.kontakte-musikverlag.de). S. 48: Michael Landgraf: Kinder-Bibel zum Selbstgestalten. © Calwer Verlag/Deutsche Bibelgesellschaft, Stuttgart 2007. S. 49: Die Bibel. Nach einer Übersetzung Martin Luthers. © Deutsche Bibelgesellschaft, Stuttgart 1999.

www.cornelsen.de

1. Auflage, 1. Druck 2013

Alle Drucke dieser Auflage sind inhaltlich unverändert
und können im Unterricht nebeneinander verwendet werden.

© 2013 Cornelsen Schulverlage GmbH, Berlin

Druck: Stürz GmbH, Würzburg

ISBN 978-3-464-829127

 Inhalt gedruckt auf säurefreiem Papier aus nachhaltiger Forstwirtschaft.